LES DÉBUTS D'UN SAINT

Né à Amettes (Pas-de-Calais) en 1748; mort à Rome en 1783; canonisé par le pape Léon XIII.

LES

DÉBUTS D'UN SAINT

OU

L'ENFANCE ET LA JEUNESSE

DE

SAINT BENOIT LABRE

Par LÉON **AUBINEAU**

LILLE

MAISON SAINT-JOSEPH

GRAMMONT (Belgique)

ŒUVRE DE SAINT-CHARLES BORROMÉE

AVIS

Cet ouvrage est la reproduction des premiers chapitres de *La Vie admirable du saint Mendiant et Pèlerin, Benoît-Joseph Labre*, par Léon Aubineau. Paris, 10e édition, V. Palmé. Le propriétaire réserve ses droits relativement à tout emprunt qu'on voudrait faire à notre publication.

IMPRIMATUR :

Tornaci, die 16a Maii 1898.

J. HUBERLAND,

CAN. CENS. LIBR.

LES DÉBUTS D'UN SAINT

CHAPITRE PREMIER

Naissance du saint. — Sa petite enfance. — Le scarabée. — A l'école d'Amettes. — Empire sur les écoliers. — Le goût de la lecture. — L'attrait pour la pénitence. — Le petit ange adorateur. — A la cure d'Erin. — La première communion (1).

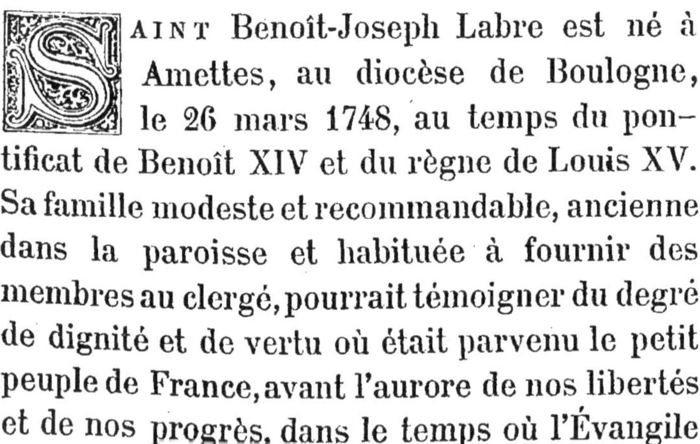

SAINT Benoît-Joseph Labre est né à Amettes, au diocèse de Boulogne, le 26 mars 1748, au temps du pontificat de Benoît XIV et du règne de Louis XV. Sa famille modeste et recommandable, ancienne dans la paroisse et habituée à fournir des membres au clergé, pourrait témoigner du degré de dignité et de vertu où était parvenu le petit peuple de France, avant l'aurore de nos libertés et de nos progrès, dans le temps où l'Évangile

(1) Les sommaires des chapitres ont été ajoutés par l'éditeur.

était encore l'unique source de la civilisation de notre pays.

Plusieurs de ses oncles remplissaient le ministère sacerdotal dans les paroisses et les communautés du voisinage d'Amettes, dans les diocèses de Boulogne, de Saint-Omer et de Cambrai. Son père et sa mère vivaient du revenu d'un petit patrimoine cultivé de leurs mains; en y joignant le produit de quelque industrie du plus simple négoce (ils tenaient une petite boutique de mercerie), ces braves gens parvenaient à élever leur nombreuse famille dans une aisance et une dignité que le peuple de notre siècle ne connaît guère et dont les principales sources étaient la modestie des goûts et la régularité de la vie. Le saint fut l'aîné de quinze enfants. Quelques-uns de ses jeunes frères, élevés aux ordres sacrés, ont confessé Jésus-Christ dans l'exil et pendant la persécution révolutionnaire. L'un d'entre eux put rendre aux prêtres émigrés des services signalés; un autre, par sa seule présence, éloigna d'Amettes les tentatives du schisme constitutionnel et préserva la paroisse entière des entreprises dirigées alors contre les honnêtes gens. Benoît-Joseph reste la gloire et la fleur, l'auréole incontestable et désormais éternelle de la famille.

Prévenu dès ses jeunes ans des grâces les plus précieuses, cet enfant de bénédiction parut répondre à toutes les prévenances divines. Sa mère, dans le procès d'information, dépose qu'il se plaisait à l'église, et qu'elle avait toujours pu, sans jamais le lasser, l'y conduire aussi souvent et l'y garder aussi longtemps qu'elle avait voulu. Il montrait une intelligence pénétrante et assez précoce; il avait un cœur tendre et une excellente mémoire; il alliait une innocence et une droiture exquises de sentiments à une vivacité de caractère, tempérée de bonne heure par un esprit de soumission et d'obéissance, qui contribua à lui faire prendre des habitudes de calme et de tranquillité peu ordinaires aux enfants.

A cinq ans, il savait lire et se trouvait heureux de pouvoir épeler l'oraison dominicale et la salutation angélique.

Toute la sollicitude et les exemples des parents avaient tendu à développer les dispositions de piété de l'enfant plutôt qu'à satisfaire sa curiosité d'instruction. Jésus, Marie, Joseph sont les premiers mots qu'il bégaya; et le premier usage qu'on lui enseigna à faire de la parole fut une prière. Grâce à ces soins intelligents et pieux, la crainte de Dieu, ce premier fondement de l'édifice de toute âme chrétienne, s'était développée dans le jeune cœur du saint. Il redoutait le péché avant de pouvoir le connaître. Un jour, il ramassait un scarabée dans l'intérieur d'une grange; le vicaire de la paroisse, venant à passer, l'appela en jouant « petit voleur ». La désolation de l'enfant fut extrême, et le respect qu'il portait au sacerdoce l'empêcha longtemps de s'arrêter aux consolations qu'on dut lui donner.

Son premier maître dans les lettres avait été un de ses oncles, alors sous-diacre, qui a laissé les plus beaux souvenirs dans le diocèse de Boulogne. Jacques-Joseph Vincent, qu'au dire de son évêque, les peuples du diocèse n'appelaient pas M. Vincent, mais le nouveau saint Vincent, s'appliqua avec bonheur à développer les précieux germes d'intelligence et de piété qu'il voyait dans son neveu. Il ne se contentait pas de le conduire à l'église et de l'y retenir quelquefois longtemps à prier, ou, autant que le permettaient les forces de l'enfant, à orner les autels et à entretenir la netteté de tout l'édifice; il l'initiait à la mortification et lui faisait déjà goûter la pénitence, admirant qu'un si jeune enfant pût en savourer la nécessité et en accepter avec plaisir la pratique. De la meilleure grâce du monde, sans résistance et sans chagrin, à la parole de son oncle, le jeune saint, en effet, se mettait à genoux les bras en croix ou dans quelque autre position gênante. Pour un oubli dans le cérémonial des offices, que son oncle lui faisait répéter par manière de récréation, ou pour tout

VILLAGE D'AMETTES. (P. 5.)

autre manquement de son âge, l'enfant s'entendait condamner à réciter le chapelet, et s'acquittait de cette pénitence avec une piété et une joie qui charmaient et étonnaient les témoins.

Ces pratiques nourrissaient et développaient

l'attrait pour la mortification et la prière qui a été le grand caractère de notre saint.

Avant cinq ans, ce n'était plus uniquement l'esprit d'obéissance et de condescendance envers ses parents qui l'engageait à contraindre les vivacités de son caractère ardent et à se priver des amusements bruyants de l'enfance : le désir de marcher sur la nature, de la réduire et de l'immoler dans ses instincts vicieux, de l'atteindre dans ses appétits sensuels, avait déjà germé dans cette âme innocente.

Il ne faut pas s'étonner que le saint soit entré bien avant dans une science dont il commença de si bonne heure à pénétrer les secrets. Il y était initié par la piété et les exemples de la famille. On lui fit aussitôt que possible fréquenter les sacrements. Avant qu'il eût accompli sa cinquième année, on l'avait conduit au tribunal de la pénitence, et il s'y rendait volontiers.

L'heureuse constitution de la France, à une époque où les ravages et les progrès de 1789 n'étaient pas même soupçonnés par la masse du peuple, permit à Benoît-Joseph d'avoir des maîtres dignes de continuer les bons soins donnés par ses parents à sa dévotion naissante. Le vicaire de la paroisse d'Amettes, François d'Hanutel, tenait l'école : petite école de village, vacante pendant le temps de la moisson, où les enfants apprenaient, avec le catéchisme, les premiers éléments de la lecture, de l'écriture et du calcul. Notre saint y apportait une modestie, une douceur, une exactitude et surtout une sagesse et une réserve qui ne semblaient pas de son âge. A Amettes, comme à Nédon, bourg plus considérable dont il fréquenta un peu plus tard l'école plus importante, il se fit remarquer par une gravité, un recueillement, dont ses maîtres gardèrent toute leur vie un vif et profond souvenir : « Sur deux mille écoliers environ que j'ai gouvernés, disait l'un d'eux, je n'en ai vu aucun doué de tant de qualités. » « Je ne me rappelle pas lui avoir jamais adressé un reproche, » disait un autre. « Il était si aimable, ajoute un troisième, et j'attendais tant de bien de lui, que depuis vingt-huit ans qu'il m'a quitté, je n'ai cessé de m'entretenir dans son souvenir. »

Cette amabilité du saint n'était rien autre que l'auréole de vertu qui couronnait déjà sa jeunesse. Elle n'éclatait pas dans les saillies soudaines et les grâces impétueuses et naïves, naturelles à cet âge. Elle se manifestait dans toute la conduite de la vie par un esprit d'exactitude et une égalité d'humeur imperturbables. Benoît-Joseph était toujours appliqué et serein. Sa conversation n'était déjà plus de ce monde. Rien de triste ni de contraint dans ses allures. Il était enjoué et ne refusait pas de s'épanouir; mais dans sa gaîté même il apportait de la réserve; son rire était modeste, et il était assez maître de lui pour veiller toujours aux pentes de la nature.

Afin de contenir l'ardeur de son caractère, il savait éviter les divertissements animés et dissipés de ses condisciples. Le maître d'école d'Amettes remarqua qu'il sortait toujours le dernier de l'école et lui en demanda la raison. « C'est, dit Benoît-Joseph, que, sortant après eux, j'arrive plus tôt à la maison. »

Il quittait en effet la classe, après de longues heures de clôture, aussi posément qu'il y était entré. Il n'affectait pas toutefois de fuir ses condisciples : il n'évitait avec scrupule que les turbulents et les indociles, et il recherchait volontiers les personnes pieuses et réfléchies. Même auprès d'elles il parlait peu, et toutes ses paroles étaient inspirées et contenues par une prudence et une discrétion où n'entrait rien de la sagesse humaine.

Loin de craindre et de fuir, comme font la plupart des écoliers, la présence de ses maîtres, son plus grand plaisir était d'écouter leurs discours de piété : ces maîtres, il est vrai, étaient revêtus pour la plupart du sacerdoce. L'un d'eux, François Forgeois, ne se contenta pas d'admirer, il voulut éprouver cette vertu naissante. Les contradictions multipliées et les reproches injustes ne purent éveiller le moindre mouvement d'impatience. La placidité et la sérénité de cette âme n'étaient pas un simple don de la nature. Le respect que le mérite déjà reconnu de Benoît-Joseph imposait à ses maîtres, s'étendait jusqu'à ses condisciples. Les écoliers de notre temps ne sont peut-être pas partout très sensibles aux charmes de la vertu; j'ignore si ceux du temps de Benoît-Joseph étaient meilleurs, mais l'enfant privilégié avait au milieu d'eux une autorité que les maîtres eux-mêmes n'auraient pas toujours obtenue. Celle qu'il exerçait dans l'intérieur de la maison sur ses frères et sœurs était dans les mœurs de ce temps; toutefois elle avait peut-être une force particulière que le titre d'aîné ne suffisait pas à expliquer. Ce titre, avec les privilèges qu'il apportait, était, aux yeux de Benoît-Joseph, une raison de rendre à ses frères et sœurs tous les soins dont il pouvait décharger ses parents. Il ne se bornait pas aux soins matériels, et sa charité ne se contentait pas d'entrer dans les petits chagrins qu'il voulait consoler; il regardait surtout les âmes.

Dans un esprit de condescendance et de zèle, il n'épargnait pas les réprimandes fraternelles. Il dirigeait et il aidait les premiers pas de cette nombreuse famille dans la vertu. Pour lui, il avançait toujours. Du moment qu'il sut lire, il ne goûta plus aux divertissements pour son propre compte, et il employa les récréations, dont il pouvait disposer, à la lecture des livres de piété. On pouvait déjà démêler chez lui tous les traits qui formèrent plus tard le caractère de sa physionomie. N'était-ce pas par amour de la pauvreté, qu'il ne voulait toucher à rien dans la maison paternelle ? Et ne montrait-il pas son esprit d'obéissance, en s'acquittant avec précision et zèle de tous les soins domestiques qu'on pouvait lui recommander ? L'esprit d'humilité apparaissait dans l'indifférence où il restait de lui-même, ne pensant jamais à demander de nouveaux habits ou quoi que ce soit dont il eût besoin. La mortification éclatait dans la réserve qu'il mettait à sa nourriture, dans son insouciance de toutes les commodités de la vie, dans sa recherche déjà active et intelligente de ce qui pouvait gêner et mortifier son corps. Il mettait une planchette sous son oreiller par crainte de reposer trop mollement, et peut-être en mémoire de la parole du Fils de l'homme, qui parle d'une pierre pour reposer sa tête.

Parfois son père et sa mère se crurent obligés de réprimer ses désirs d'austérité. Mais il courait sans contrainte dans le champ de la mortification intérieure, et y recueillait déjà les germes des vertus extraordinaires qu'il a cultivées. Des parfums s'en exhalaient; toute sa personne révélait ces charmes de la vertu, qu'on subit sans pouvoir les définir. C'était une joie de le voir, tout petit enfant, à genoux dans l'église d'Amettes, les mains jointes, la tête inclinée, immobile, perdu dans la contemplation et déjà inépuisable dans ses prières. C'était un spectacle à ravir les anges et dont les hommes mêmes étaient touchés. Sitôt qu'il le pouvait, il se rendait à l'église; il ne trouvait point qu'il y eût sur la terre de lieu plus aimable. Il rayonnait de bonheur, d'un bonheur grave et reposé, quand il pouvait être employé à quelque service autour de l'autel.

La pratique de l'exposition perpétuelle du Saint-Sacrement était en usage dans le diocèse de Boulogne. Quand venait le tour de la paroisse d'Amettes, la joie de Benoît-Joseph n'avait point de bornes. Non seulement il pouvait passer de longues heures à contempler son divin Maître sur son trône eucharistique; mais tout le temps que durait l'exposition solennelle, les prêtres des environs affluaient au village et Benoît-Joseph était quelquefois appelé à participer aux cérémonies. Servir la messe était pour son âme une joie dont le rayonnement apparaissait sur son visage, et qui se manifesta surtout lorsqu'il fut un peu plus âgé et qu'il suivit l'école de Nédon. Il était tellement pénétré des cérémonies du saint sacrifice, que de retour à la maison, il les accomplissait lui-même ; et il apportait à cet exercice une gravité qui changeait, pour ainsi dire, en acte de dévotion ce qui eût été un amusement pour un autre.

Le désir du Paradis donnait de l'élan et déjà de la persévérance à ces naissantes vertus. Toutes les aspirations du cœur de Benoît tendaient vers le ciel. Ses parents perdirent une petite fille de quelques mois. Benoît–Joseph resta plus d'une heure à la contempler, ne cessant de répéter :

« Chère petite, bienheureuse et digne d'envie, que ne suis-je aussi heureux que toi ! »

Ces dispositions précieuses paraissaient à tous ceux qui connaissaient Benoît indiquer une vocation sacerdotale. Les parents en tombaient d'accord, mais y sentaient quelques obstacles. Benoît avait douze ans ; on commençait à compter sur son concours, pour subvenir aux besoins de la maison. Il rendait déjà des services qui allaient augmenter d'importance chaque jour. La famille était nombreuse, et la charge de tant d'enfants rendait

Il employait les récréations à la prière ou à la lecture. (P. 14.)

plus lourds et plus difficiles les sacrifices exigés par des études longues et dispendieuses.

Benoît avait son parrain depuis plusieurs années curé d'Erin, paroisse distante de quatre à cinq lieues d'Amettes, du côté d'Hesdin. Ce parrain, frère puîné du père de notre saint, était pieux, zélé et sut donner sa vie pour ses ouailles. Le zèle et la piété étaient des dons de famille. Admirant les grâces qui brillaient dans son filleul, l'abbé François-Joseph Labre voulut concourir aux desseins de la Providence, et put mettre fin aux hésitations des parents. Il emmena Benoît à la cure d'Erin, se chargeant de pourvoir à sa nourriture et à ses études.

Avant d'aborder les enseignements classiques, le curé d'Erin voulut affermir l'instruction religieuse de son élève, et, tout en lui faisant suivre quelque temps l'école du bourg, le prépara à la première communion avec un soin tout particulier. Durant cette préparation, l'oncle s'attacha chaque jour davantage au neveu, en apprenant à le mieux connaître.

A mesure que Benoît entrait dans l'intelligence de la vérité, le goût des biens célestes se développait dans son cœur, comme par une germination puissante. Les mystères du Dieu eucharistique ravissaient cet enfant de bénédiction; il se perdait dans la contemplation de l'amour divin. Son âme voulait y répondre, et elle courait avec allégresse vers son Sauveur.

En même temps la noirceur de l'ingratitude des hommes la confondait, l'étreignait, la désolait : la crainte de n'être pas digne de l'union à laquelle elle aspirait, et vers laquelle elle se dressait tout entière, la poignait et stimulait ses industries. Mais quelle industrie pourra jamais rendre l'homme digne d'un Dieu !

Plus le grand jour approchait, plus Benoît-Joseph sentait s'exalter ses désirs et sa frayeur en même temps que sa joie. Ces sensations si vives et si ardentes n'étaient pas stériles. Benoît-Joseph savait les tourner en pratiques énergiques et sérieuses. Il apporta un soin et un calme particuliers à préparer sa confession générale. Jaloux de disposer une demeure nette et entièrement purifiée au Dieu qui la voulait habiter, il eut recours à la prière, afin de parvenir à scruter les replis de son cœur.

Sa prière était sans doute exaucée, et la méthode de préparation et d'examen, qu'il avait adoptée et qu'il suivait toujours, était pleine de lumière et féconde en sentiments d'humilité. Outre le discernement de ses fautes, Benoît demandait la grâce de la vraie contrition ; il méditait avec persévérance les motifs les plus propres à l'émouvoir, et se tenait dans les sentiments de la soumission la plus exacte aux avis de son confesseur.

Qui dira les joies que la divine Eucharistie apporta à une âme si bien préparée, et comment exprimer les lumières et les goûts qu'elle y développa ?...

Le jour même de sa première communion (4 septembre 1761), Benoît-Joseph fut confirmé des mains de l'évêque de Boulogne, François de Partz de Pressy. Il devait être donné au Prélat de constater les fruits de ce sacrement des forts sur une âme ; et ce fut lui qui commença dans le diocèse de Boulogne les informations canoniques sur les vertus du saint.

CHAPITRE DEUXIÈME

Adolescence de Benoît. — La récolte des fruits. — Les fraises. — Les cerises. — La part du pauvre. — Le jeûne. — Les livres de piété. — Les douceurs de la solitude. — Au champ de foire. — Un précoce apostolat. — Au pied du Tabernacle. — Le bonheur de servir la messe. — Le pourvoyeur des mendiants.

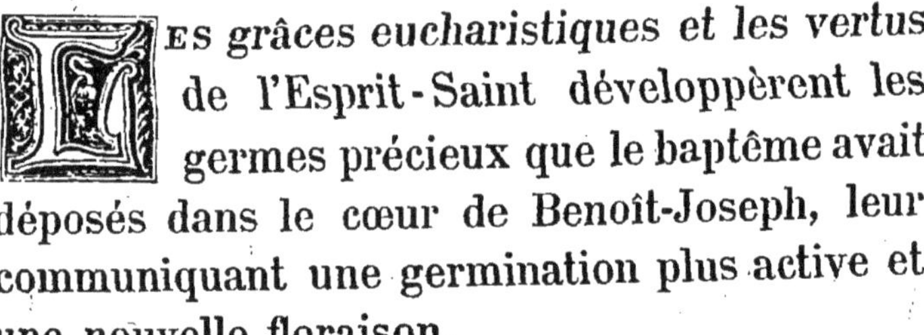

Les grâces eucharistiques et les vertus de l'Esprit-Saint développèrent les germes précieux que le baptême avait déposés dans le cœur de Benoît-Joseph, leur communiquant une germination plus active et une nouvelle floraison.

Les saveurs de la manne céleste exaltèrent les désirs d'austérité de cette âme. Benoît-Joseph, désormais affamé de la nourriture divine dont il connaissait enfin les délices, répugnait, pour ainsi dire, aux aliments matériels et les méprisait. Aucune des douceurs auxquelles la jeunesse est accessible ne pouvait le tenter. Quelquefois son oncle l'employait à cueillir les fruits qui abondaient dans le verger; jamais il n'est arrivé à Benoît d'en goûter un seul.

Sa réserve tenait à la fois de la sobriété et du respect de la justice. Il savait qu'il ne pouvait disposer de rien sans la permission de son oncle, et jamais il ne l'a demandée. Un jour, il était occupé à ramasser des fraises, et une petite fille lui en demanda quelques-unes. Benoît en eût donné volontiers, mais il fallait, disait-il, la permission de son oncle. L'enfant insistait, trouvant que c'était bien peu de chose, et que l'oncle n'en saurait rien. Benoît alors répondit gravement que Dieu le saurait. Il réprimanda assez vertement, quoique avec douceur, cette petite, qui avait environ sept ans, et l'engagea à se confesser au plus tôt de l'insinuation mauvaise qu'elle avait faite à son prochain. Il ne se contenta pas d'un avis, et, à deux autres reprises, il rappela à cette enfant l'obligation où elle était de se confesser à ce sujet : il en était en peine.

Ce sentiment de justice ne se manifestait pas seulement quand il s'âgissait des convoitises d'autrui. Un compagnon de son âge lui offrit un jour des cerises; et Benoît de s'informer aussitôt à quel titre il en disposait. L'autre assura qu'il avait permission de son père pour en prendre et en offrir. Benoît alors accepta.

Toutefois, comme il gardait encore quelque scrupule, il ne toucha pas à ces fruits et les laissa se dessécher.

Il était maître de sa bouche, et, disait son oncle, il eût foulé aux pieds les fruits les plus exquis du verger sans se laisser tenter. Il aurait même eu scrupule de ramasser ceux qui étaient tombés des arbres et qui étaient à demi gâtés. Le goût d'une nourriture supérieure ne le portait pas seulement à se retrancher le superflu et la douceur des aliments; il se privait souvent d'une partie de ses repas, et en disposait secrètement en faveur d'un pauvre.

Si son oncle l'eût laissé faire, il eût, dès son enfance, pratiqué exactement les lois du jeûne, dont les observances étaient alors autrement sévères que de nos jours. Quand il eut seize ans, il fallut céder à ses désirs et lui permettre de garder les préceptes de l'Église. Jusque-là, il avait déploré le sort de ceux qui ne mêlaient pas, pendant le carême, leurs jeûnes aux prières de l'Église. Toutefois, il avait certaines industries pour se dédommager : il était ingénieux à éloigner les morceaux délicats et savoureux et à obtenir les plus grossiers et les plus communs; il fallait le contraindre, pour ainsi dire, afin de lui faire accepter la nourriture indispensable.

Il savait même rendre légers les repas qu'il

partageait avec son oncle ; il quittait la table aussitôt qu'il avait pris ce qu'il estimait « sa suffisance. » Un jour un ecclésiastique, qu'hébergeait le curé d'Erin, demanda si sa présence était la cause de cette promptitude à quitter la compagnie. Benoît aussitôt se remit en place et ne s'éloigna que lorsque son oncle lui eut donné la permission.

Cet oncle savait à quoi était employé le temps épargné sur les repas. Ce n'était pas l'attrait des études littéraires qui emportait cet aimable écolier. Il était appliqué, exact, intelligent, et ses progrès dans les lettres étaient sensibles, surtout durant les premières années. Il avait même une certaine avidité de lectures et la bibliothèque de son oncle lui suffisait à peine. Quand il allait à la promenade, il avait toujours soin de se munir d'un livre, afin de n'être pas au dépourvu, si son oncle faisait une rencontre ou visitait quelqu'un ; mais les livres de piété étaient seuls à lui plaire. A peine y entremêlait-il quelques autres ouvrages.

Le goût de la lecture n'est pas rare chez les jeunes gens ; mais la plupart de ceux qui le ressentent se prennent surtout aux livres d'histoire. La communion avait ouvert chez Benoît-Joseph d'autres attraits, où la nature n'était pour rien. Les aliments de l'esprit lui paraissaient même grossiers : il avait des aspirations supérieures. Son vrai bonheur était de converser avec Dieu. Là était le secret de son amour de la solitude.

Il y avait au presbytère d'Erin un cabinet écarté, où il se retirait et où il prenait ses meilleures récréations, seul avec son divin Maître.

Maison où naquit saint Benoît Labre. (P. 6.)

Le temps alors ne lui durait pas, et, après de longues heures, il fallait l'arracher à sa contemplation. Il en sortait plein de dégoût pour le monde. Ses joies lui répugnaient. Il voulait bien, les jours de congé, aller visiter les ecclésiastiques pieux du voisinage ou quelque malade de la paroisse ; mais les jeunes compagnons de son âge, qui venaient lui proposer quelque partie de promenade ou d'autres plaisirs, avaient le plus souvent à s'impatienter de ses refus, et parfois lui reprochaient avec vivacité son dédain de tout délassement. Benoît alors répondait avec calme que son plaisir était dans sa chambre.

Néanmoins il avait des condescendances, et il évitait le reproche de singularité. Un jour de fête, de *ducasse*, selon le terme de l'Artois, comme les fêtes populaires des campagnes étaient loin d'être aussi scandaleuses et grossières que les ont faites les progrès de la liberté, et comme il y avait encore, à cette veille de la Révolution, des divertissements honnêtes pour un peuple en joie, le curé d'Erin pressa lui-même son neveu d'aller se divertir avec quelques compagnons; et, par obéissance, Benoît se rendit au champ de fête. Mais, cédant bientôt à son attrait, il quitta la compagnie et se retira dans une grange; on l'y trouva à genoux, en contemplation devant un crucifix, qu'il avait placé contre la muraille.

Ses délices étaient uniquement au pied de la croix. Il en rapportait un esprit de recueillement habituel, qui frappait tous ceux qui l'approchaient. Sa conversation n'était vraiment pas avec les hommes.

Il prenait quelque plaisir à s'ouvrir sur des sujets de piété, et son zèle l'engageait à donner quelques avertissements aux compagnons de son âge ou aux enfants plus jeunes. Ces avis témoignaient de sa sagesse, et ils étaient donnés avec tant de bonne grâce qu'on s'y rendait volontiers.

Le neveu du curé n'était pas sans crédit dans la paroisse d'Erin; il imposait une sorte de respect. Aussi la princesse de Croy, qui était dame du lieu, comme on disait alors, l'appelait-elle en riant *son petit curé*. Le dimanche, sur la place de l'église, il se mêlait aux groupes et trouvait occasion d'adresser de bonnes paroles, d'arrêter de sots discours, parfois même de prévenir un peu de désordre. Il étendait sa vigilance sur tout le bourg, et ayant remarqué qu'une petite fille orpheline, âgée de neuf ans, n'allait plus à l'école, il lui en demanda la raison. Elle répondit que les parents qui avaient soin d'elle, ne voulaient plus l'y envoyer, et elle se mit à pleurer. Benoît alors de chercher à consoler cette enfant. Il lui proposa d'aller jusqu'à la porte de l'église. L'église à ce moment était fermée. Il fit mettre la petite à genoux sur le seuil, et récita avec elle un *Pater* et un *Ave*, répétant trois fois ces paroles *Que votre volonté soit faite*, afin d'insinuer dans le cœur de l'enfant les sentiments d'obéissance dont elle avait besoin. Il lui recommanda ensuite de ne pas insister pour aller à l'école, de se tranquilliser et d'obéir en paix à ceux qui avaient autorité sur elle. Il lui promit de prier pour elle, et récita tout aussitôt un *De profundis* pour le repos de l'âme de sa mère; et, lui ayant encore fait répéter trois fois les paroles : « Loué et adoré soit à jamais le Très-Saint Sacrement de l'autel, » il quitta l'enfant, consolée et résignée, disait-elle elle-même dix-huit ans plus tard, en témoignant dans le procès d'information.

Cette sagesse précoce était toute puisée aux sources divines. Si Benoît-Joseph aimait la conversation avec Dieu dans la solitude, il lui trouvait un bien plus grand attrait en présence du tabernacle. Sa dévotion aux prières de l'adoration perpétuelle n'avait pas faibli, et les distances ne le retenaient pas lorsque l'exposition du Saint-Sacrement avait lieu dans quelque paroisse du canton. Il eût passé les jours et les nuits devant l'Eucharistie : il commençait à goûter les délices de cet entretien sublime qui devait le séparer de tout commerce avec les hommes. Dans le règlement qu'il s'était fait pour ses études, on comprend qu'il avait ménagé le temps des visites au Très-Saint Sacrement. Les lectures, en effet, et les contemplations ne suffisaient pas à l'attrait de ses désirs, et aussitôt qu'il avait quelque loisir, il courait à son divin Maître. C'était une joie pour lui, et une joie sur laquelle il ne se blasait pas, de servir la messe. Habituellement il en servait deux, celles du curé et du vicaire. Il se levait de grand matin, pour avoir le temps, avant de satisfaire à cette dévotien, de faire ses prières et sa méditation, à laquelle il était exact. Sa joie à servir au saint autel se manifestait et éclatait sur son visage. Elle était si sensible, que lorsque ses camarades prenaient fantaisie de le contrarier ou de le blesser, ce qui est encore une fantaisie assez commune chez les enfants, ils ne trouvaient rien de mieux que de le prévenir et de servir la messe à sa place. Benoît-Joseph en éprouvait un chagrin véri-ble et violent. C'était un avare voyant échapper l'occasion d'un nouveau gain. Toutefois, malgré son désappointement et son regret, il ne se laissait aller à aucune impatience ; il se retirait paisiblement à l'écart pour entendre le plus dévotement du monde la messe qu'il n'avait pas la consolation de servir.

De son commerce avec Dieu, de son amour de la solitude et de la méditation, Benoît rapportait au milieu des hommes un esprit de douceur et d'humilité qui éclatait dans toute sa conduite. Il y avait au presbytère un serviteur qui souvent le rudoyait de paroles injurieuses et même de mauvais traitements. Benoît non seulement ne s'en plaignit jamais, mais accueillait ces sévices avec une sorte de satisfaction, et il s'empressait particulièrement auprès de celui qui les lui faisait subir.

Il était toujours disposé d'ailleurs à rendre service. Il tâchait de prévenir même les demandes. A la maison, il était empressé de s'effacer, de céder son lit et sa chambre ou sa place à table, quand il arrivait quelque compagnie. Souvent même il voulait servir les convives, jaloux d'imiter en tout Celui qui est descendu du ciel pour servir et non pour être servi. Si quelqu'un lui disait de prendre place parmi les invités, il répondait qu'il avait plus de plaisir à servir.

Aux déférences pour son prochain, aux sentiments et aux pratiques d'humilité, il joignit encore la charité : les pauvres avaient part à ses affections, et une de ses récréations était de les visiter. Il les accueillait toujours gracieusement et généreusement lorsqu'ils se présentaient au presbytère. Les mendiants disaient qu'on avait de bonnes aumônes à la cure, quand Benoît s'en mêlait.

Si parfois on leur donnait moins que de coutume :

« Ah! disaient-ils, le neveu du curé n'y est donc pas! »

Quelquefois, il est vrai, en l'absence du curé, les serviteurs auraient refusé et même gourmandé les pauvres, leur reprochant de mendier au lieu de travailler, et les accusant de fainéantise, à la mode philosophique et économique déjà inventée alors, quoique moins florissante que de nos jours. Benoît, quand il s'en apercevait, rappelait aussitôt les pauvres avec empressement :

« Venez, venez, leur criait-il, je vous donnerai quelque chose. »

Et quand il avait satisfait à ce premier besoin, il réprimandait doucement les serviteurs, les assurant que ce n'était pas l'intention de son oncle qu'on profitât de son absence pour refuser les pauvres, et affirmant que les mendiants ne sont pas toujours des fainéants.

Pour lui, il ne se contentait pas de s'affermir tous les jours davantage dans la prière, la charité et l'humilité ; il n'oubliait pas de s'appliquer à la mortification ; il ne négligeait pas les petits retranchements, et veillait à ne s'accorder aucune satisfaction matérielle. Sa vigilance le conduisait déjà à des sacrifices qui semblent héroïques. Il passa un hiver entier sans s'approcher du feu.

Ses habitudes d'austérité, autant que son application à l'humilité, son souci de la charité et la fréquence de la conversation avec Dieu contribuaient à donner à son caractère une douceur, dont l'influence s'étendait à tous ceux qui le voyaient.

ÉGLISE D'AMETTES. (P. 15.)

CHAPITRE TROISIÈME

Premières lueurs de vocation. — Dégoût pour l'étude des classiques. — Attrait invincible de Benoît pour la Trappe. — Obstacles. — Troubles de conscience, perplexités. — Dévouement de Benoît pendant une maladie contagieuse. — Sentiments de sympathie et d'admiration qu'il inspire.

ES progrès de notre saint dans la vie spirituelle avaient d'abord été accompagnés de grands et rapides progrès dans les lettres. Mais à mesure que Benoît pénétrait dans la connaissance de la vie des saints et qu'il s'éprenait des merveilles de la vie ascétique ; à mesure que la lecture et la méditation nourrissaient et remplissaient son esprit chaque jour davantage des textes de la Sainte Écriture, son cœur s'enflammait, et du milieu de cette ardeur naissait, croissait, se développait en lui un dégoût de plus en plus marqué pour les lettres classiques. Le désir de connaître les sciences sacrées avait d'abord soutenu et excité son zèle à étudier les langues anciennes. Aussitôt qu'il en avait possédé les premiers principes, il s'était appliqué à se rendre le Nouveau Testament familier. Il en pouvait désormais produire les textes à propos, et même en rectifier les citations incorrectes ou inexactes qu'il entendait.

La saveur de cette nourriture substantielle, à laquelle il revenait toujours, lui faisait trouver insipides les grâces des auteurs païens. Il avait dans l'oreille et dans le cœur les forts conseils de la vraie sagesse ; il ne pouvait supporter les imaginations et fantômes de la raison humaine, toujours assez frivole quand elle n'est pas tout à fait insensée. Les études commencèrent donc à pâtir, et le curé d'Erin se vit obligé de réprimander son pieux élève, et de lui représenter l'importance dont étaient pour le sacerdoce des connaissances qu'il méprisait et qu'il négligeait trop.

Le saint, avec docilité et sans essayer un mot de justification, écoutait les avis de son oncle et s'efforçait de les suivre. Pour en rendre même l'exécution plus facile, celui-ci en vint à interdire à Benoît l'entrée de la bibliothèque. Dans la pensée du sage précepteur, l'intérêt des études classiques n'était pas seul en jeu ; le curé d'Erin craignait l'exaltation d'une tête ardente, et redoutait la contention d'un esprit si jeune constamment appliqué à un objet unique et délicat; il connaissait d'ailleurs assez son élève pour savoir qu'il ne résisterait pas à l'occasion, si un volume de sainte Thérèse ou de saint François de Sales lui tombait entre les mains.

Les conseils de l'oncle et ses mesures de prudence, les résolutions du neveu et ses efforts même ne réussirent pas à empêcher Cicéron, Virgile et les autres maîtres de l'ancien langage d'accabler d'un secret ennui l'esprit de Benoît-Joseph; et tandis que les livres de ces princes de la belle diction lui répugnaient, le plus médiocre écrivain des auteurs ascétiques ravissait son cœur et ouvrait une voie large, féconde, généreuse et sublime à toutes les aspirations et à toutes les forces de son âme. Il y avait surtout un auteur que Benoît ne se lassait jamais d'ouvrir, qu'il pouvait presque réciter, et dont la lecture et les paroles transportaient son âme : c'était le missionnaire de l'Oratoire, le P. Lejeune, dit l'Aveugle. La vigueur du raisonnement, la simplicité et la force du langage, l'évidence de la vérité, tout frappait et charmait Benoît dans ce fougueux et pathétique orateur. Ses discours sur les peines de l'enfer et le petit nombre des élus touchèrent Benoît à ce point, qu'on croit pouvoir attribuer à cette lecture et aux solides méditations qu'il en fit, le principe et l'origine de la résolution du saint de ne rien épargner et de tout sacrifier afin d'éviter l'enfer. « Quand il ne devrait y avoir qu'une seule âme damnée, ne devons-nous pas, disait Benoît, craindre d'être celle-là? »

Désormais les austérités de Benoît augmentent donc; il aspire à s'affranchir de tout lien; il redoute ce qui peut le retenir à la terre, et paraît déjà vouloir dominer tous les besoins de son corps. Il a seize ans; on lui a permis d'observer les lois ecclésiastiques du jeûne; il s'y porte avec ardeur; il ne se contente plus de disposer d'une partie de ses repas en faveur des pauvres; souvent il leur distribue son repas entier. Aux jours de son enfance, il mettait une planchette sous son oreiller, avons-nous dit; désormais, obéissant à une inspiration divine, il passe des nuits entières sur le carreau, même durant la saison d'hiver (1).

Tout son souci est d'éviter l'enfer et de témoigner son amour à Jésus-Christ, qui s'est sevré des splendeurs du ciel pour participer aux pauvretés de la terre et en épuiser les douleurs. Benoît, à la suite du divin Maître,

(1) Ces pratiques de rigoureuse pénitence doivent être admirées, mais non imitées, par les enfants et les jeunes gens. On ne doit rien se permettre qui puisse nuire à la santé, sans consulter ses parents ou son directeur.

veut parcourir la voie du renoncement et de la souffrance. Il demande avec instance à suivre les traces divines dans l'abjection et la douleur : son unique recherche est le chemin direct qui conduit au Calvaire. L'éloignement qu'il avait manifesté dès son enfance pour le monde, se change en horreur véritable et profonde pour tout ce qui tient à la terre. Le renoncement l'attire et le sollicite. Ne pouvant se douter d'un dessein particulier de la Providence à son égard, il se croit appelé à cette voie des conseils, toujours privilégiée, il est vrai, mais battue encore de son temps et, pour ainsi dire, ouverte à tous : il veut se préparer à vivre dans l'enceinte d'un monastère.

Son amour de la perfection le porte à s'enquérir de l'ordre le plus austère : ceux dont l'entretiennent les livres ne lui paraissent pas satisfaire à la soif de mortification qui est dans son cœur : rien ne sourit ni ne s'ouvre dans son âme à la connaissance des pratiques qui y sont en usage.

Parmi les prêtres du voisinage d'Erin, il y en avait un qui avait visité le grand monastère de la Trappe, et qui aimait à parler de ce qu'il y avait vu et admiré. Il en parlait avec enthousiasme, et l'enthousiasme de Benoît à l'écouter n'était pas moindre. Notre saint le mettait volontiers sur ce chapitre et même l'interrogeait, bien que toujours avec réserve et discrétion. De là sorte, il parvint à s'instruire des moindres détails de la Règle et de la vie des Trappistes. Il lui parut que tout lui agréait et que la voix divine l'appelait en ce lieu. Cette persuasion l'engageait à redoubler de piété et d'austérité, mais ne rendait pas les études classiques plus attrayantes. Il faisait acte de docilité et de vertu en s'y livrant. Le maître ne pouvait cependant se faire illusion : la sève était absente de ce travail et les fruits en étaient désormais peu abondants.

Le curé d'Erin, qui appréciait la vertu de son neveu, qui en admirait le progrès, qui reconnaissait en lui tant de grandes et généreuses qualités, ne savait comment les concilier avec ce refroidissement pour les études, chaque jour plus sensible et plus funeste. Il commençait à s'inquiéter ; il redoutait de voir compromettre une vocation qui jusque-là lui avait paru si précieuse. Il ne se rendait pas compte de l'obstacle sur lequel venaient se briser et s'évanouir toutes ses espérances, et qui véritablement, il le savait, n'était ni dans l'intelligence ni dans la piété de son neveu.

Benoît, de son côté, voyait les inquiétudes et les chagrins de son oncle : il eût voulu y remédier; mais l'attrait supérieur et divin, on peut dire, l'emportait, et aucune considération ne pouvait ravaler son esprit et ses goûts aux études humaines.

L'oncle, de plus en plus embarrassé, s'ouvrit à un ecclésiastique du voisinage, qui paraissait avoir la confiance du saint. C'était le curé de Berguinheuse. Il venait souvent à Erin, et il avait d'abord été longtemps vicaire d'Ames, paroisse voisine d'Amettes, de sorte qu'il connaissait Benoît depuis son enfance. Ce bon prêtre, Charles Dupuich, promit de sonder les dispositions du jeune homme, et ne manqua pas en effet de lui recommander de suivre les prescriptions de son précepteur. Il insistait sur la nécessité des études pour le sacerdoce, et il chercha à faire envisager à Benoît la vieillesse de son oncle qui s'avançait et le soulagement et la joie dont elle serait couronnée, le jour où Benoît pourrait participer au ministère des âmes.

A tout cela Benoît, sans s'ouvrir davantage sur son dessein, répondit d'un ton ferme qu'il ne resterait jamais dans le monde, et que sa vocation l'appelait dans un désert. Cette réponse, rapportée au curé d'Erin, lui parut un simple échappatoire; il renouvela ses instances. Le neveu alors, serein et respectueux, avoua son dégoût pour toute science profane et étrangère au salut de son âme. Il assura qu'une volonté supérieure emportait sa volonté qui eût été de chercher à complaire à son oncle, ajoutant qu'il était résolu à se retirer dans un cloître, et qu'il avait fait choix de la Trappe. A cette nouvelle, l'oncle s'attendrit; toute la vie de son neveu ne lui parut que trop conforme à ce dessein. Il hésitait à y croire cependant; il craignait les illusions d'une imagination exaltée.

« Une résolution si subite n'est pas sage, disait-il. Votre âge est encore tendre, votre complexion est faible, votre tempérament délicat. De plus robustes que vous n'ont pu supporter les austérités de la Trappe. Si vous connaissiez bien le régime de vie qu'on y mène, sans doute vous changeriez d'idée. »

A ces objections et à toutes les autres que la sagesse et la tendresse de son oncle purent suggérer, Benoît répondit en témoignant d'une pleine connaissance de la vie des Trappistes et de leurs règles; il entra même dans divers détails sur la situation du monastère, et montra qu'il avait étudié jusqu'à la route qui y conduisait et calculé les journées de chemin. A d'autres indices encore, l'oncle crut sentir une résolution généreuse et affermie dans la méditation.

SAINTE THÉRÈSE. (P. 35.)

Il était loin de sa pensée de vouloir s'opposer à la volonté de Dieu : toutes ses objections se bornèrent à en éprouver et à en apprécier les signes.

Toutefois il remarqua que ce n'était pas à lui qu'il appartenait de décider d'un tel projet, et il renvoya Benoît à ses parents, lui rappelant que le devoir d'un fils, surtout à son âge, était de les consulter et de solliciter leur consentement, avant de songer à exécuter un pareil dessein.

Benoît partit aussitôt pour Amettes. Il y avait quatre ans qu'il n'y avait paru ; mais sa présence n'apporta pas la joie dans la maison paternelle. Son père et sa mère voyaient leurs projets déconcertés par cette proposition inattendue. Leur tendresse s'alarmait à la pensée de perdre leur fils ; sa délicatesse leur faisait envisager avec épouvante les rigueurs de l'ordre où il se disait appelé. Ils sentaient dans leur cœur une opposition formidable et ne voulaient pas consentir à reconnaître dans cette pensée un ordre de la Providence. La mère surtout s'attristait et s'apitoyait. On épuisa tous les moyens en usage. On chercha à tenter Benoît par les avantages matériels que son titre d'aîné lui assurait, par le dévoûment qu'on comptait trouver en lui pour soutenir la vieillesse de ses parents, pour les aider à élever leurs autres enfants, pour diriger et conseiller le jeune âge de ses frères et de ses sœurs; on lui objectait qu'on ne prétendait pas le contraindre à accepter les charges du sacerdoce, et que, si elles l'effrayaient, sa placc n'était pas occupée dans la maison paternelle; on faisait appel à son zèle pour le salut des âmes, auquel, dans le ministère des paroisses, il travaillerait plus efficacement, disait-on, qu'au fond d'un cloître; on l'assurait qu'il n'aurait pas dans un monastère plus de sécurité qu'ailleurs pour son avenir éternel. Enfin on employait et on épuisait toute la rhétorique à l'usage des parents alarmés, contrariés et blessés dans leurs affections par un dessein auquel ils sont toujours disposés à attribuer quelque chose de chimérique.

Benoît fut inébranlable. Humble, attristé du chagrin qu'il voyait autour de lui, souffrant du même brisement qui torturait le cœur de ses parents, il demeura résolu à poursuivre son dessein et persévérant à en demander l'autorisation. Il répondit aux arguments avec douceur et patience, tendrement, en suppliant qu'on ne mît pas obstacle à ce qu'il regardait comme sa vocation.

Ni son père, ni sa mère ne purent avoir le courage que cet enfant réclamait d'eux. Ils étaient surpris de la sagesse de ses discours; ils admiraient la paix avec laquelle il répondait à leurs objections, mais ne se laissaient pas gagner à ses prières. Ils lui déclarèrent qu'il pouvait renvoyer, s'il le voulait, l'exécution de ses projets à l'âge où il serait libre de disposer de sa personne, mais qu'il devait se tenir assuré de n'obtenir jamais leur consentement.

Benoît dut reprendre le chemin d'Erin et s'y remettre à des études pour lesquelles sa répugnance ne diminua pas. Il n'abandonnait pas son dessein; et son unique pensée était de se préparer à l'accomplir en redoublant de prières et d'austérités, en s'exerçant à toutes les vertus dont il avait déjà donné de si beaux exemples. Son oncle le gourmandait encore souvent du peu de progrès de ses études littéraires; mais la piété et la connaissance des âmes, et aussi la tendresse du bon curé l'engageaient à user de ménagements, et à laisser un peu de liberté à des penchants dont la solidité pouvait être une question, mais dont la force était manifeste. Le précepteur aurait eu, d'ailleurs, à contrarier les desseins de la Providence, le même scrupule que le neveu à ne pas les suivre. Il fallait seulement redouter l'exaltation et la contention d'esprit du jeune homme. Aussi l'oncle s'efforçait-il de le consoler et de le diriger, et, s'en remettant à la décision divine, demandait pour lui comme pour son élève la grâce du discernement.

Benoît était profondément travaillé : outre les rebuts que l'étude des humanités inspirait de plus en plus à cet esprit, uniquement épris des choses divines, il se trouvait livré à une de ces formidables épreuves intérieures qui ne paraissent ménagées qu'aux plus chers amis de Dieu. Il se vit envahi par des obscurités qu'il ne connaissait pas. Sa conscience avait toujours été timorée. Son excès d'humilité lui faisait redouter de recevoir l'Eucharistie, pour laquelle il ressentait cependant une dévotion si affectueuse et un attrait si puissant. Dans l'état de paix, il ne s'approchait pas de la table sainte sans s'être confessé plusieurs fois, et toujours avec un sentiment de respect qui s'exaltait jusqu'à la frayeur. La crainte de l'enfer était vivante dans son âme, et c'était là le principe de sa vocation. Jusque dans les consolations de la piété, il parut toujours la ressentir. Elle a été l'aiguillon qui poussa Benoît jusqu'à la sainteté; elle est restée le fondement principal de l'édifice de vertus que l'Église nous donne à admirer en lui aujourd'hui.

L'art du démon est de se servir contre les

saints des éléments même de leur héroïsme : ainsi, la victoire des élus tourne à leur exaltation les tentations que le démon a ourdies contre eux. C'est l'usage de toute guerre de retourner contre l'ennemi ses propres armes, et d'employer à le battre les ouvrages qu'il avait élevés pour attaquer ou pour se défendre. Ce fut donc de ce sentiment de crainte, si fortement imprimé dans l'âme du saint, que le démon essaya de tirer de redoutables suggestions.

Privé des lumières sensibles, Benoît sentit s'éveiller en lui de grandes perplexités sur le dessein même qu'il nourrissait. La crainte de ne pas suivre la volonté de Dieu l'agitait, et les prières comme les lectures étaient inefficaces à lui rendre la paix. Ses confessions étaient impuissantes à le tranquilliser. Les conseils et les exhortations ne pouvaient apaiser l'orage. Dans ce trouble, Benoît voulut cependant recourir à la source des remèdes et des guérisons : il essaya d'une retraite suivie d'une confession générale. Avec l'assentiment de son oncle, il alla passer quelques jours auprès d'un prêtre expérimenté, *doyen de chrétienté*, selon le titre qu'on donnait alors à un curé investi d'une certaine autorité sur les prêtres de son voisinage. La sagesse du confesseur et ses lumières eurent de la peine à faire pénétrer un peu de calme dans l'âme éprouvée. La Providence allait bientôt cependant l'arracher à ces désolations, en la faisant tout à coup s'épanouir dans les exercices de la plus active et de la plus généreuse charité.

Il y avait deux ans que Benoît avait vu ses parents s'opposer à ses désirs; il avait dix-huit ans, lorsqu'en 1766 une maladie contagieuse éclate à Erin et y fait de grands ravages. La terreur et la mort sont partout. Le curé sent ses entrailles s'émouvoir, et multiplie les soins et les largesses aux mourants, aux malades et déjà aux orphelins. Il a un aide dans son neveu. Benoît accompagne son oncle à l'administration des sacrements, souvent le précède dans les maisons atteintes et y fait parvenir les aumônes du pasteur. Il a l'intelligence de la charité : il étend sa sollicitude à tous les intérêts des malades, et supplée à leurs soins autour des récoltes ou près des bestiaux. Les travaux les plus grossiers et les plus pénibles ne le rebutent ni ne l'effrayent. Les soins les plus répugnants sont sa part au lit des moribonds. Son oncle voudrait au moins l'écarter des maisons les plus gravement infectées, lorsque lui-même succombe aux fatigues et est atteint par le fléau. Benoît le soigne alors avec

Il dut reprendre le chemin d'Erin. (P. 45.)

4

les précautions les plus ingénieuses et les plus tendres ; en même temps son regard embrasse toute la paroisse, et le pasteur mourant a la consolation de n'être pas étranger à ses brebis, et de pouvoir transmettre tous les jours ses avis aux affligés et aux malades.

Enfin le curé d'Erin succombe. Le cœur brisé, Benoît ne continue pas moins les œuvres de de charité que son zèle avait embrassées. Il laisse la famille s'inquiéter des intérêts de la succession, de l'inventaire et des diverses formalités auxquelles la mort d'un parent oblige les héritiers : son souci est aux pauvres et aux malades. Il prodigue toujours ses soins et ses fatigues sans appréhender le danger auquel sa jeunesse est particulièrement exposée, et sans paraître savoir que la mort de son oncle a désormais brisé les liens qui jusque-là l'avaient attaché à cette malheureuse paroisse.

Touchés de tant de charité, unie à tant d'autres vertus qu'ils connaissaient d'ancienne date, les paroissiens d'Erin ne pouvaient se retenir d'exprimer leurs regrets et leurs désirs.

« Ah ! disaient-ils au Bienheureux, si votre oncle eût vécu quelques années de plus, vous lui auriez succédé dans sa cure et vous l'auriez remplacé au milieu de nous ! »

Benoît se contentait de répondre qu'il ne se croyait pas appelé au saint ministère, et qu'il n'oserait jamais se charger du fardeau pastoral. Il resta à Erin tant que dura l'épidémie. Il rentra à Amettes vers la Toussaint de l'an 1766.

Tels sont les vrais serviteurs de Dieu. Ils se dévouent sans compter ni avec les fatigues, ni avec le péril, et après leurs héroïques labeurs, ils estiment qu'ils n'ont rien fait. Nul peut-être à cette époque n'était plus digne que Benoît Labre de franchir les degrés du sacerdoce; et son humilité est si grande qu'il tremble d'embrasser ce saint état. Jugeons après cela quels bas sentiments nous devons avoir de nous-mêmes, puisque nous sommes si dépourvus de mérite et réprimons vigoureusement les saillies de notre amour-propre, les folles prétentions de notre orgueil.

CHAPITRE QUATRIÈME

Retour de Benoît à Amettes. — Il supplie ses parents de le laisser entrer à la Trappe. — Opposition qu'il rencontre. — Efforts inutiles du saint pour réaliser ses projets. — Il se retire chez le curé de Conteville. — Effrayantes austérités pratiquées au presbytère de cette paroisse. — Anecdotes. — Zèle de Benoît pour assister aux missions. — Nouvelles démarches, nouveaux insuccès. — Benoît dans sa famille, puis à l'École de Ligny. — Départ pour la chartreuse de Montreuil. — Conclusion.

Les trente mois d'épreuves qu'il venait de traverser n'avaient fait qu'affermir Benoît-Joseph dans son désir de quitter le monde. Son empressement à embrasser la vie religieuse le porta à penser que le moment était arrivé de renouveler ses instances à ce sujet. La mort du curé d'Erin qui le laissait sans guide, lui faisait désirer encore plus impatiemment l'abri et le soutien du cloître : il sentait que son âme avait besoin de la solitude.

« Dieu m'y appelle, disait-il; j'aurais à craindre de me damner si je me chargeais du salut des autres. »

La mort de son parrain pouvait d'ailleurs paraître entraîner l'abandon d'un projet dont il avait été le principal promoteur, et notre saint se croyait fondé à penser qu'on ne songerait plus désormais à lui faire continuer les études sacerdotales.

Dès son arrivée à Amettes et avant qu'on eût pris une détermination sur son avenir, il rappela ses vœux et sollicita de nouveau le consentement de son père et de sa mère. Leur esprit n'y était point incliné. La nature répugne au sacrifice et ne manque pas d'habileté pour couvrir ses secrètes résistances des apparences du plus saint devoir. Les vertus de Benoît, son dévoûment et toutes ses qualités le rendaient plus cher à ses parents; ils croyaient travailler pour Dieu lui-même, en conservant à son Église un ouvrier aussi précieux et aussi utile que leur fils. Il est bien vrai, d'ailleurs, que le nom de la Trappe les effrayait beaucoup, et qu'ils étaient persuadés que la délicatesse de Benoît ne pourrait supporter les austérités de ce régime de vie. Benoît répondait en vain qu'il fallait se fier à la divine Providence, qui vient toujours en aide à la bonne volonté. La tendresse de sa mère était surtout alarmée : elle revenait souvent sur ce sujet et attaquait par tous les côtés la détermination de Benoît ; elle lui faisait les objections que la nature a toujours suggérées aux parents qui disputent leurs enfants à la grâce; elle ne pouvait concevoir les attraits de la solitude; elle s'épouvantait de la vie qu'on mène à la Trappe; elle insistait sur la délicatesse du tempérament de son fils.

« Les ermites d'autrefois, disait-elle, qui vivaient de l'herbe et des racines des champs, étaient d'une trempe plus forte que les hommes d'aujourd'hui, et il se faisait alors des miracles qui ne se font plus maintenant. »

Benoît répondait que la puissance de Dieu n'est pas diminuée et qu'il peut toujours faire des miracles pour ses serviteurs :

« Tous les jours il en fait, ajoutait-il, qu'on ne voit pas, et avec le secours de Dieu on peut tout ce qu'on veut.... »

C'était sa réponse aux objections.

Ses résolutions se lisaient dans sa conduite autant que dans ses paroles. Il vivait dans la maison paternelle comme mort à tout ce qui était autour de lui, ne manifestant ni désir ni besoin. Il s'appliquait à se conformer, autant que possible, au régime de vie qu'il ambitionnait. Il avait soin, il est vrai, quand il avait passé la nuit sur la dure, de froisser son lit au matin, mais la vigilance maternelle ne se laissait pas mettre en défaut. Une nuit, Benoît fut surpris étendu sur le carreau, la tête sur un morceau de bois noueux :

« Ne vous fâchez pas, répondit-il aux réprimandes ; puisque Dieu m'appelle à la vie austère de la Trappe, ne faut-il pas que je m'y habitue avant de l'entreprendre ? Je me prépare à suivre les voies de Dieu. »

Afin de s'y préparer davantage, il gardait habituellement le silence ; il n'en sortait que pour s'entretenir des choses utiles au salut. Sa charité et sa délicatesse le faisait abonder en certaines recommandations, par exemple, lorsque sa mère avait quelques emplettes à faire ; comme il avait sans doute remarqué qu'elle était ménagère, ainsi que doit l'être toute mère de famille chargée d'enfants, il lui représentait doucement qu'il ne fallait pas trop discuter les prix, afin que les marchands pussent trouver à gagner leur suffisance, sans être exposés à une trop grande tentation de mentir.

Sa vie était réglée, d'ailleurs, et son séjour dans la maison paternelle n'avait apporté aucun changement à son régime : il était d'une exactitude scrupuleuse à ses prières, à ses méditations et à ses lectures ; il prolongeait ses visites à l'église ; et un vieillard, mort à l'âge de quatre-vingt-trois ans, se rappelait encore vers 1850 l'impression qu'il avait éprouvée à

CHŒUR DE L'ÉGLISE D'AMETTES. (P. 15.)

assister, dans son jeune âge, à une communion de Benoît-Joseph, durant le court séjour que le saint fit à Amettes pendant ces dernières semaines de l'année 1766.

Son recueillement était si profond et si constant que le plus souvent il n'était pas en état de rendre compte d'aucune particularité des lieux où il se trouvait : il ne voyait et ne remarquait rien ; et de l'avis de sa mère, on pouvait regarder sa vie comme une prière et une oraison continuelles.

Cependant les parents avaient pris leur résolution, et pour remplacer le curé d'Erin auprès de leur fils, ils avaient fixé leur choix sur l'aîné de ses oncles maternels. « Le nouveau saint Vincent », qui avait autrefois appris les lettres à Benoît, était alors chargé d'une chapelle de titre vicarial à Conteville, entre Erin et Saint-Pol. L'abbé Vincent n'avait pas oublié les grâces et les espérances de la petite enfance de son neveu ; il avait été à même d'apprécier sa conduite au presbytère d'Erin, et il accepta volontiers le soin d'une âme qui annonçait devoir rendre gloire à Dieu.

A Conteville, la vie de Benoît fut ce qu'elle avait été à Erin ; ses études même retrouvèrent un peu de sève : peut-être l'esprit de Benoît, fixé dans sa résolution, avait-il désormais plus de calme ? Ses progrès redevinrent sensibles et, au dire de son maître, il excellait dans la version des auteurs latins. Le maître découvrait en même temps dans son élève d'autres excellences qui le ravissaient et qu'il était loin de combattre. Ce prêtre avait en effet certaines conformités de goût et de vertu avec son neveu La maison du vicaire de Conteville était une maison de mortification et de prière, plutôt encore qu'une maison d'études. L'oncle et le neveu rivalisaient de zèle et de pauvreté. Leurs meubles avaient été distribués aux pauvres. La chambre du vicaire était sans plancher ni pavé, et pour suppléer aux sièges, le vicaire industrieux avait pratiqué un grand trou et il s'asseyait sur les rebords, ainsi que son élève. La nourriture était à l'avenant de ce dénûment.

D'après une anecdote que le curé d'Amettes a recueillie à Conteville en 1836, il semble que M. Vincent fut parfois sans serviteur et obligé de préparer ses aliments de ses mains. Les habitants les plus aisés de Conteville lui fournissaient le bois nécessaire. Mais quand la soupe était cuite, il arrivait à l'oncle de réfléchir, et, se retournant vers son hôte :

« Mon neveu, disait-il, nous avons de la santé ; un morceau de pain ne nous suffirait-il pas ? Il y a des pauvres dans le village, des infirmes, des malades qui ont besoin d'une autre nourriture. »

Benoît ne faisait pas répéter : il emportait aussitôt, dans les maisons indiquées, la viande, les légumes et le potage. M. Decroix, curé d'Amettes, a vu, en 1836, à Conteville, un vieillard qui reconnaissait avoir été dans son enfance l'objet de cette charité.

On comprend qu'en attendant la Trappe, Benoît se trouvait heureux, et qu'il regardait comme un lieu de délices la maison du vicaire de Conteville. Il y unissait l'oraison à la mortification, et son attrait était toujours d'aller prier devant le Saint-Sacrement. Il aimait toutes les cérémonies religieuses, et quand son oncle se rendait à quelque solennité dans les églises du voisinage, Benoît l'accompagnait, portant les croix, les chandeliers, les vases et les bouquets qui devaient relever la pompe des autels. Il ne trouvait jamais à se plaindre ni du poids, ni de la fatigue. Autant qu'il le pouvait, il visitait les églises des environs pendant les exercices de l'Adoration perpétuelle. Il se perdait alors dans sa contemplation et ne pouvait s'arracher à l'église.

Un jour de carnaval, c'est l'abbé Vincent qui raconte lui-même le fait, Benoît était allé à Saint-Pol, où le Saint-Sacrement était exposé dans l'église des Carmes. Il était en compagnie d'une servante chargée de commissions et d'emplettes. En entrant en ville, il recommanda à cette fille de venir le reprendre, au moment du départ, à l'église du couvent. Il s'y rend aussitôt et se prosterne en adoration. Les heures s'écoulent sans qu'il s'en aperçoive; une personne pieuse qui le connaissait sans doute

SAINT FRANÇOIS DE SALES. (P .35.)

ou qui était touchée de la persévérance de sa prière, s'approche de lui vers trois heures, l'invitant à venir chez elle prendre un peu de nourriture. Benoît avait trop affaire pour consentir à perdre une minute des instants précieux qu'il pouvait passer en la présence de son Dieu. La servante revient peu après et l'avertit qu'il est temps de songer au retour. Benoît la supplie d'attendre encore un peu.

« On va prêcher! » disait-il.

Il ne consentit à quitter l'église qu'après le sermon et la bénédiction. Ils rentrèrent assez tard à Conteville. Benoît n'avait rien mangé depuis la légère collation prise de grand matin avant le départ.

Il serait inutile d'insister sur les divers progrès que notre saint, soutenu par cette double ardeur pour la prière et la mortification, faisait dans toutes les vertus. On sait ce que les vertus divines et surnaturelles communiquent de grâces aux vertus secondaires et purement humaines auxquelles les hommes sont surtout sensibles. Aussi l'affabilité de Benoît, formée de la charité et de l'humilité, avait un degré de charme et de politesse où les mieux avisés des courtisans n'auraient su atteindre. Son esprit aussi, nourri de méditations et habitué à la contemplation, avait acquis une solidité dans le jugement et une force de raison auxquelles son oncle a rendu témoignage.

Au carême de 1767, des missionnaires évangélisèrent les paroisses des environs de Conteville, et Benoît demanda à suivre les exercices qui furent donnés successivement dans chaque église. Les difficultés des chemins et la rigueur de la saison ne purent l'arrêter : il suivit toutes les phases des missions et ne perdit pas une parole des ouvriers évangéliques. Son admiration pour le P. l'Aveugle lui avait inspiré une estime particulière et une singulière confiance pour les missionnaires. Toutes les fois qu'il put se mettre en rapport avec eux. il leur ouvrit son cœur; il commença cette pratique dès ce carême de 1767. Il voulait avoir sa part des grâces de la communion qui termina les exercices; mais la délicatesse de sa conscience et la défiance qu'il avait de lui-même, lui faisaient toujours craindre de n'être pas disposé; et, bien qu'il eût commencé sa confession dès la première mission, il différa jusqu'à la dernière avant de s'approcher de la sainte table; encore fallut-il pour l'y décider toute l'autorité du confesseur.

Benoît avait profité de ses rapports avec les missionnaires pour conférer avec eux de sa vocation. Sa résolution avait été approuvée. Son oncle, de son côté, persuadé que cette fleur ne devait pas rester en plein champ, mais demandait à être transplantée en jardin clos et abrité, jugea qu'une épreuve de quatre ans était suffisante, et que Benoît, dans sa vingtième année, était en âge de disposer de lui. Toutefois, à cause des répugnances que le nom et l'éloignement de la Trappe avaient éveillées chez ses parents, et pour leur témoigner plus de condescendance, l'abbé Vincent conseilla à son neveu de songer aux Chartreux, dont la vie était à peu près aussi austère, et qui avaient plusieurs maisons dans le voisinage. Benoît accéda volontiers à cette proposition, et son oncle lui eut bientôt ouvert le chemin du cloître vers lequel il aspirait depuis si longtemps.

Sur la fin d'avril 1767, Benoît, enfin muni du consentement de ses parents, se rendit à la chartreuse du Val-Sainte-Aldegonde, au diocèse de Saint-Omer. Il se croyait au comble de ses vœux; mais il devait passer par bien des mécomptes avant de trouver sa voie et son refuge. Benoît-Joseph, arrivé au monastère, en admira l'ordre et le silence. Son âme en était réjouie et épanouie. On l'avait accueilli comme un hôte. Quand le but de son voyage fut connu, on lui déclara qu'il y avait un obstacle insurmontable à l'exécution de son projet : l'état des affaires temporelles du monastère ne permettait pas d'y recevoir de postulants. Le religieux cependant qui l'accueillit, dom Cyrille Piefort, voyant sa

BOULOGNE-SUR-MER. (P. 67.)

modestie, l'engagea à ne pas renoncer à son dessein, mais à se présenter à la chartreuse de Notre-Dame des Prés de Neuville, au diocèse de Boulogne, lui conseillant de se former d'abord au plain-chant et d'étudier la dialectique.

Benoît se mit aussitôt avec ardeur à ces études, mais n'attendit pas d'y avoir acquis une grande perfection. Il frappait aux portes de la chartreuse de Neuville dans les derniers jours du mois de mai. Un de ses oncles, chanoine de Notre-Dame de Walincourt en Cambrésis, s'était chargé de l'y conduire et de le présenter. Aussi notre saint se croyait-il assuré du succès de sa démarche. Un nouveau mécompte cependant l'attendait. Il n'avait pas vingt ans accomplis, ses études n'étaient pas terminées; le père Prieur, dom Michel Pater, trouva qu'il n'y avait aucune raison de se presser : et, insistant sur la nécessité de la connaissance du plain-chant et de l'étude de la dialectique, remit le postulant à une époque ultérieure.

Ce contretemps, qui attristait Benoît, ne laissa pas de relever l'espoir de ses parents. Leur consentement était donné, mais il leur eût été bien doux de le reprendre. Toutefois, ils se prêtèrent aux exigences de la vocation que voulait suivre leurs fils, et concertèrent les moyens de lui faire acquérir les connaissances demandées.

Après sa seconde démarche à la Chartreuse, ce fut à l'école du vicaire de Ligny-les-Aire que Benoît fut adressé. Cet ecclésiastique, Joseph-Adrien Dufour, qui fut ensuite curé d'Auchi-au-Bois, était uni à la famille du saint par les liens de la reconnaissance, et avait été un des élèves du bon curé d'Erin. Benoît resta environ quatre mois sous sa direction, et il faudrait répéter tout ce qui a déjà été dit de sa vie à Erin et à Conteville, si on voulait entrer dans quelques détails. En avançant en âge, il gardait sa simplicité et ses pratiques d'humilité, se soumettant au domestique du vicaire comme autrefois à ceux de son oncle à Erin ; il était toujours disposé à rendre service et à s'effacer en toute circonstance, à quitter sa place à la table ou même à aller coucher à l'écurie, lorsque quelque hôte survenait à l'improviste. Il écoutait avec une sérénité modeste et dans un humble silence les réprimandes que lui attirait parfois son attrait pour les livres mystiques. D'ordinaire cependant le précepteur, édifié de tant de vertus, se contentait d'avertir son élève avec ménagement, et de le ramener avec douceur à ce qui devait être le principal objet de ses études.

Il édifiait tous ceux qui le connaissaient, et s'appliquait plus que jamais à pratiquer le renoncement. Quel modèle pour les jeunes écoliers qui si souvent sont esclaves de leur amour-propre et ne rêvent que jeux et divertissements ! Cette recherche du bien-être pendant l'enfance et la jeunesse est un des plus sérieux obstacles à la vertu et même à la persévérance : elle affaiblit la volonté, elle énerve le tempérament : de là tant de caractères effacés, tant d'âmes inconstantes et sans énergie, qui manquent de courage pour soutenir les épreuves de la vie.

Malgré son ardent attrait pour les livres de piété, Benoît ne négligeait pas ses études : le plain-chant le charmait ; ses progrès restaient médiocres en dialectique : son maître trouvait que la science du crucifix était celle qu'il pénétrait le mieux : il savait déjà en tirer pour sa conduite d'admirables et solides déductions. Mais malgré les fruits qu'il recueillait de ses communications intimes avec Dieu, il gardait sa naïve avidité des enseignements de l'Église : il avait l'oreille et le cœur ouverts à toutes les bonnes paroles, et, quoique dans sa vingtième année, il suivait avec une exactitude et une attention scrupuleuses les catéchismes de la paroisse de Ligny. Le goût de la parole sainte est vraiment un prélude de sainteté.

Les exemples du pieux écolier avaient leur éloquence. Il y ajoutait les insinuations de sa parole, et décida un de ses condisciples de l'école du vicaire de Ligny à se donner aussi à Dieu dans l'ordre de Saint Bruno. Le 6 octobre 1767, Benoît, escorté de sa conquête, se présentait de nouveau à la Chartreuse de Notre-Dame des Prés de Montreuil, et, jour de joie et de grâce, le couvent l'accueillit. Le saint jeune homme entrait enfin dans ces délices de la cellule qu'il avait tant désirées.

Par suite de diverses circonstances, Benoît dut quitter bientôt ce monastère, puis d'autres où il entra successivement. C'est alors qu'il inaugura cette vie toute merveilleuse et toute sainte de pèlerinages, qui le fit surnommer « le saint mendiant et pèlerin » et par le moyen de laquelle il s'éleva jusqu'aux sommets de la perfection.

TABLE DES MATIÈRES

— Lille. Typ. A. Taffin-Lefort. 9. —

www.ingramcontent.com/pod-product-compliance
Ingram Content Group UK Ltd.
Pitfield, Milton Keynes, MK11 3LW, UK
UKHW020321220726
13923UKWH00003B/1286

9 782329 049304